Mens en Natuur

Interviews met
Sri Mata Amritanandamayi

Amma beantwoordt vragen over
milieuproblemen

Mata Amritanandamayi Center, San Ramon
Californië, Verenigde Staten

Mens en Natuur

Vertaling vanuit het Malayalam door
Swami Amritaswarupananda

Uitgegeven door:
    Mata Amritanandamayi Center
    P.O. Box 613
    San Ramon, CA 94583
    Verenigde Staten

————— *Man and Nature (Dutch)* —————

Eerste uitgave van het MA Center: mei 2016

In Nederland:
    ww.amma.nl
    info@amma.nl

In België:
    www.vriendenvanamma.be

In India:
    www.amritapuri.org
    inform@amritapuri.org

❇

*"Alleen door liefde en mededogen
is de bescherming en het behoud
van de natuur mogelijk."*

— *Amma*

❇

Voorwoord

Het leven leert ons, dat ervaring de beste leermeester is. Echte leraren zijn degenen die de kennis, die reeds in ons aanwezig is, doen ontwaken, en ons eraan herinneren dat iets weten en er niet naar leven hetzelfde is als niets weten. Amma's unieke gave om ons weten in handelen te transformeren komt voort uit haar liefdevolle les, dat religie een levenswijze is.

Religie is een poging om onze vertekende waarneming van het ego en het gevoel van dualiteit uit ons leven te verwijderen, het denkbeeldige onderscheid tussen het ego en al het andere. Hetzelfde ego weerhoudt ons ervan compassie met andere mensen te voelen. Omdat we uit onwetendheid denken gescheiden te zijn, staan we toe dat het milieu wordt verwoest, want we realiseren ons niet dat we er zelf deel van uitmaken. De meeste mensen gedragen zich alsof het milieu een plek ver weg in de bossen of de bergen is, i.p.v. de plek waar we allemaal wonen en een onderdeel van zijn. Amma zegt: "Het bestaan van God ontkennen, is je eigen bestaan ontkennen." Dit geldt ook voor de natuur, die God in een zichtbare vorm is. Veel mensen denken dat het de bedoeling is dat de mens de natuur overwint, en in al onze pogingen om dat te doen zijn we zelf onze grootste vijand geworden. We zijn een deel van de natuur. Haar voortdurende capaciteit ons te beschermen en te voeden hangt af van onze bekwaamheid om het evenwicht tussen onze relatie met de aarde en al haar wezens te herstellen.

Amma's woorden zijn een oproep om de sluimerende onbaatzuchtigheid die in ieder van ons schuilgaat, te ontdekken. Ook de natuur roept ons. Haar kreten zijn de laatste tijd schriller geworden omdat de mens de capaciteit van de aarde om zich te vernieuwen meer en meer vernielt. Een deel van de natuur zijn betekent dat we zelf het milieu zijn. We moeten in gaan zien dat de behoeften van de natuur gelijk zijn aan onze eigen behoeften.

Er valt niets toe te voegen aan Amma's boodschap over de natuur en onze rol op deze planeet. Dit is niet verwonderlijk, gezien de eenheid van God en de natuur, want zij zijn werkelijk één. Het ontkennen van de natuur vermindert de kracht van onze geest en het vermogen om vrij te zijn. De stilte die we in onszelf zoeken is dezelfde stilte die de bossen, de oceanen en de bergtoppen doordringt.

We moeten ons er niet alleen op richten om innerlijk tot rust te komen en vrede te vinden, maar we moeten ook daadwerkelijk de berokkende schade aan de natuur ongedaan maken. De aarde en haar schepselen diensen, doet niet onder voor een eredienst aan God. Laten we ons vertrouwen in het dienen van de aarde terugwinnen.

Sam La Budde
Directeur Endangered Species Project
Earth Island Institute
San Francisco, CA

Inhoud

Mens en Natuur

Hier volgen Amma's antwoorden op vragen over het milieu, die Mr. Sam La Budde, een milieudeskundige uit de U.S., haar gesteld heeft.

Wat is de relatie tussen de mens en de natuur?

Amma: Kinderen, de mens en de natuur verschilleen niet van elkaar. Hij is een deel van de natuur. Het menselijk leven op aarde hangt van de natuur af. In feite zijn niet wij het die de natuur beschermen, het is de natuur die ons beschermt. Bomen en planten bijvoorbeeld zijn absoluut noodzakelijk voor het zuiveren van de vitale energie, de levenskracht. Iedereen weet dat mensen niet in een woestijn kunnen leven. De reden is dat er geen bomen zijn om de vitale energie te zuiveren. Als er geen atmosferische zuivering plaatsvindt, zal de gezondheid van de mens achteruitgaan. Het veroorzaakt een kortere levensduur, diverse ziektes, het tast de ogen aan en brengt zelfs blindheid teweeg. Ons leven is onverbrekelijk verbonden met de natuur. Zelfs een lichte verandering in de natuur beïnvloedt ons bestaan op deze planeet. Zo heeft ook het menselijk denken en handelen zijn weerslag op de natuur. Als de natuurlijke balans wordt verstoord, zal ook de harmonie van het menselijk leven verloren gaan en omgekeerd.

De ene factor die de mens en de natuur verbindt, is zijn aangeboren onschuld. Als we een regenboog zien, of de golven van de oceaan, voelen we dan nog steeds de onschuldige vreugde van een kind? Een volwassene die een regenboog ervaart als louter lichtgolven, zal nooit de vreugde en verwondering van een kind kennen dat de regenboog in zich opneemt, of een kind dat naar de golven van de oceaan kijkt.

Geloof in God is de beste wijze om deze kinderlijke onschuld te bewaren. Iemand die geloof en toewijding aan God heeft, die uit zijn aangeboren onschuld voortvloeien, ziet God in alles, in elk aspect van de natuur, in elke boom, in elk dier. Deze houding stelt hem in staat in perfecte harmonie met, en afgestemd op de natuur te leven. De onophoudelijke stroom van liefde die vanuit een echte gelovige naar de gehele schepping vloeit, heeft een zachte balsemende invloed op de natuur. Deze liefde is de beste bescherming van de natuur.

Onze onschuld verdwijnt als egoïsme de kop opsteekt. Als dit gebeurt, raakt de mens vervreemd van de natuur en begint haar uit te buiten. De mens beseft niet, dat hij een ver-schrikkelijke bedreiging voor haar is geworden. Door de natuur schade te berokkenen, bewerk-stelligt hij zijn eigen ondergang.

Als het intellect en de wetenschappelijke kennis van de mens toenemen, mag hij niet vergeten wat er in zijn hart leeft, want juist dat zal hem in staat stellen om in harmonie met de natuur en haar fundamentele wetten te leven.

Welke rol speelt religie in de relatie tussen de mens en de natuur?

Amma: Het is religie die iemand in staat stelt zich ervan bewust te blijven, dat hij niet losstaat van de natuur. Zonder religie verliest de mensheid dat bewustzijn. Religie leert ons van de natuur te houden. In feite hangt de ontwik-keling en het welzijn van de mensheid enkel van de zorg af die hij voor de natuur draagt. Religie helpt ons om een harmonieuze relatie tussen mensen onderling, tussen het individu en de samenleving en tussen de mens en de natuur te handhaven.

De relatie tussen de mens en de natuur is zoals die tussen Pindanada (de microkosmos) en Brahmananda (de macrokosmos). Onze voorouders begrepen dit heel goed. Daarom werd er in de erediensten zoveel belang aan natuuraanbidding gehecht. De idee achter alle religieuze praktijken (acharam) was de mensen nauw met de natuur te verbinden. Door het ontwikkelen van een liefdevolle band tussen de mens en de natuur zijn zij zowel het evenwicht in de natuur als de vooruitgang van de mensheid verzekerd.

Kijk naar een boom. Hij schenkt zelfs schaduw aan degene die hem omhakt. Hij geeft zijn zoete, lekkere vruchten aan wie hem schade berokkent. Onze houding is echter totaal anders. Als wij een boom planten of een dier grootbrengen, maken we ons alleen druk over de voordelen die we eruit kunnen halen. Als het dier geen winst meer oplevert, wordt het zonder pardon afgemaakt. Zo gauw een koe ophoudt met melk geven, brengen we haar naar de slager om eraan te kunnen verdienen. Als een boom ophoudt vruchten te dragen, hakken we hem om en gebruiken hem om meubels van te maken. Eigenbelang gaat boven alles. Belangeloze liefde is nergens te bespeuren. Onze voorouders waren echter niet zo. Ze beseften dat planten, bomen en dieren absoluut noodzakelijk waren voor het welzijn van de mens. Ze voorzagen dat de mens in zijn zelfzucht het belang van de natuur zou vergeten en zou nalaten haar met de nodige zorg te omringen. Ze wisten ook dat de komende generaties onder de breuk tussen de mens en de natuur zouden lijden. Daarom brachten ze elke eredienst in verband met de natuur. Door deze religieuze beginselen slaagden ze erin om een emotionele band tussen de mens en de natuur te ontwikkelen. Onze voorouders vereerden en hielden van bomen en planten zoals de banyan, bilva en tulasi. Niet omdat deze bomen vruchten droegen en nuttig waren, maar omdat ze beseften dat ze één waren met de gehele natuur.

Religie leert de mens om van de gehele schepping te houden. Sommige mensen spotten met religie en zeggen dat het slechts blind geloof is. Over het algemeen richten deze mensen de natuur meer schade aan dan de mensen die in God geloven. Het zijn de religieus gezinde mensen en niet de zogenaamde intellectuelen die van de natuur houden, haar behoeden en beschermen. Er zijn mensen die aan de hand van wetenschappelijke theorieën trachten te bewijzen, dat alles wat religie ons leert, verkeerd is. De waarheid is echter, dat de eerbied en toewijding die de mensen door hun geloof ontwikkelen, zelfs bijdragen tot het welzijn van zowel de mensheid als de natuur.

Religie leert ons God te vereren in de natuur. Door de verhalen van Krishna's leven zijn de tulasiplant en de koe bij de Indiase bevolking zeer geliefd geworden. Ze beschermen hen en dragen er met veel liefde zorg voor. In vroegere tijden had elk huis in India een klein vijvertje en een stukje grond met bomen. Bij iedereen groeide er een tulasiplant in de voortuin. De tulasibladeren zijn zeer geneeskrachtig. De bladeren vervallen niet; zelfs als ze geplukt en meerdere dagen bewaard worden, behouden ze hun genezende kracht. In die tijd bestond het dagelijks gebruik om 's morgens de tulasiplant water te geven, er met eerbied voor te buigen en te vereren als een belichaming van de Godin. Dit was de traditionele wijze van eerbied en verering die ook aan andere bomen zoals de banyan, de bilva en de vijgenboom werd betoond. De geneeskrachtige eigenschappen van tulasibladeren, die reeds eeuwen geleden bekend waren aan de wijze rishi's, werden onlangs ook door moderne wetenschappelijke experimenten bewezen. Maar de vraag is of deze wetenschappers en anderen die de geneeskrachtige eigenschappen van tulasi en andere heilige planten ontdekt hebben, de natuur met dezelfde liefde en verering benaderen als de oude wijzen, die geïnspireerd waren door hun geloof. Zal het niet eerder dit geloof zijn dat zal bijdragen tot de bescherming en het behoud van de natuur, dan de door moderne wetenschap verkregen kennis?

Stel dat je tien zaden hebt. Je kunt er negen opeten, maar minstens één zaadje moet je bewaren om te planten. Niets mag volledig ten eigen bate gebruikt worden. Als je de oogst voor honderd dollar verkoopt, moeten er minstens tien aan liefdadigheid besteed worden.

De Indiase geschriften leren dat een gezin dagelijks vijf specifieke offers moet brengen (de *pancha yajnas*). Het eerste hiervan is de *deva*

yajna, oftewel het aanbidden van God, de hoogste kracht. Dit moet met volledige toewijding

en zo goed mogelijk gedaan worden. Dan komt de *rishi yajna*, oftewel de aanbidding van de wijzen. De gerealiseerde wijzen van weleer lieten niet toe, dat hun unieke ervaringen in vergetelheid raakten. Uit mededogen met de mensheid gaven zij deze kennis door in de vorm van heilige geschriften. Het offer bestaat uit toegewijde studie en het in praktijk brengen van deze schriftelijke leringen.

Het derde offer is de *pitru yajna*. Dit omvat het respect betonen en dienen van onze ouders en oudere mensen en tevens het in gedachten houden en bidden voor het welzijn van onze overleden voorouders. Dan komt *nara yajna*, oftewel het dienstbetoon aan de mensheid. Dit houdt alle belangeloze dienstbetoon in, zoals het verstrekken van voedsel aan de armen en het verzorgen van zieken en ouderen. *Bhuta yajna* is het laatste offer. Het is het dienen van alle wezens als belichaming van het ene universele wezen. Dit kan onder andere door zorg te dragen voor de dierenwereld en de planten. In de oude traditie aten de familieleden nooit voordat ze de vogels en de huisdieren hadden gevoed en de planten en bomen water hadden gegeven. In die tijd maakten het aanbidden van de natuur en haar verschijnselen integraal deel uit van het menselijk leven. De mens stond altijd klaar om de natuur te behagen uit dankbaarheid voor haar geschenken. Bhuta yajna ontwaakt ons bewustzijn van eenheid met al het leven. Door deze rituelen en offers leert de mens in harmonie te leven met de maatschappij en de natuur.

Meer dan de kennis van de moderne wetenschap is het dit diepere begrijpen van religie, het besef van de eenheid van de gehele schepping, dat de mensheid leert de natuur te houden en eerbied en toewijding voor alle wezens te ontwikkelen. De liefde die religie ons voorhoudt, is niet de liefde die een grof intellect kan begrijpen. Het is de taal van het hart. Het kan enkel ervaren worden door iemand die het subtiele intellect, dat uit geloof wordt geboren, heeft ontwikkeld.

Als een dorp een politieagent heeft, zullen er minder diefstallen plaatsvinden, omdat de mensen bang voor hem zijn. Zo zullen ook eerbied en toewijding aan God ertoe bijdragen om dharma, de juiste handelswijze, in onze samenleving in stand te houden. Door werkelijk de beginselen van religie in ons door te laten dringen en de voorgeschreven gewoontes in acht te nemen, kunnen de mensen vergissingen voorkomen.

Zij die beweren dat religie slechts blind geloof is, nemen zich niet de moeite om de wetenschappelijke principes achter religieuze oefeningen te begrijpen. De moderne wetenschap kan regen produceren door de wolken te besproeien met zilverjodide. Het water dat uit deze onnatuurlijke regen voortkomt, zou wel eens niet zo zuiver kunnen blijken. De oude geschriften beschrijven echter bepaalde rituelen die regen teweeg brengen. De wijze weet dat de zuiverheid van het zo verkregen regenwater veel beter is dan het water dat door onnatuurlijke methodes wordt verkregenzoals het bestrooien van wolken.

Op dezelfde wijze kan een zowel voor de mens als de natuur gunstige verandering bewerkstelligd worden door het offeren van voorgeschreven ingrediënten in een offervuur. Al deze offergaven en handelingen dragen bij tot het herstel van de verloren harmonie en evenwicht in de natuur. Zoals ayurvedische kruiden en planten lichamelijke klachten genezen, zo

zuivert de rook van het offervuur, waarin stoffen met geneeskrachtige waarde worden verbrand, de atmosfeer. Wierook branden, olielampen aansteken en het offeren van zuiver voedsel in een offervuur of aan God, dragen ook tot zuivering van de atmosfeer bij. De bijwerkingen van zulke rituelen creëren niet zo veel vervuiling als chloor en ontsmettingsmiddelen die gebruikt worden het zuiveren van water en het vernietigen van ziektekiemen. De rook van het offervuur zuivert het ademhalingssysteem door het verwijderen van het slijm dat de ademhalingswegen blokkeert.

De moderne wetenschap leert ons dat het schadelijk is om tijdens een zonsverduistering rechtstreeks naar de zon te kijken. Hetzelfde advies werd eeuwen geleden door de oude rishi's gegeven. Ze volgden een primitieve maar effectieve methode door het beeld van de zon te observeren dat in water waarin koeienmest werd opgelost, weerspiegeld werd.

Door het beschermen en behouden van dieren, bomen en planten, in het wild en thuis, beschermen en behouden we de natuur. Vroegere generaties vereerden de koe en de aarde en zagen hen als een van de vijf moeders (*panchamatas*). Deze vijf moeders waren: *dehamata*, de biologische moeder, *desamata*, het moederland, *bhumata*, Moeder Aarde, *vedamata*, de veda's, en *gomata*, de koe. De koe was voor onze voorouders niet zomaar een beest met vier poten, maar een heilig dier, dat als de vorm van de goddelijke Moeder werd aanbeden.

Geen enkele religie kan los van de natuur bestaan. Religie is de schakel die de mensheid en de natuur verbindt. Religie verwijdert het ego in de mens, wat hem in staat stelt zijn eenheid met de natuur te ervaren.

Wat heeft de breuk in de relatie tussen de natuur en de mens veroorzaakt?

Amma: Door zijn zelfzucht ziet de heden-daagse mens de natuur als iets dat buiten hemzelf staat. Als iemand een snee of een wond oploopt, brengt het bewustzijn dat zowel de linker- als de rechterhand 'van mij' zijn de ene hand ertoe de andere te verzorgen. Als iemand anders zich bezeert, tonen we niet dezelfde bezorgdheid, nietwaar?. Dit komt door de hou-ding "dat is niet van mij". De muur die mens en natuur scheidt, wordt voornamelijk veroorzaakt door de egoïstische houding van mensen. Ze denken dat de natuur alleen geschapen is om door hen gebruikt en uitgebuit te worden, om hun egoïstische verlangens te vervullen.

Deze houding creëert een scheiding, een muur, een afstand. Het is een schrikbarend feit, dat de hedendaagse mens zijn ruimdenkendheid verloren heeft als gevolg van de enorme groei van de moderne wetenschap. De mens heeft methodes ontwikkeld om honderd tomaten te verkrijgen van een plant die er anders hooguit tien zou voortbrengen. Hij heeft het ook voor elkaar gekregen om hun omvang te verdubbelen. Hoewel door deze opgevoerde productie honger en armoede voor een deel zijn teruggedrongen,

is de mens zich niet genoeg bewust van de scha-
delijke effecten die het gebruik van kunstmest
en pesticiden met zich meebrengt. Deze stoffen
dringen ons lichaam binnen door het voedsel
dat we eten. Zulke chemicaliën vernietigen de
lichaamscellen en maken ons eengemakkelijk
slachtoffer van ziekten. Nu wetenschappers planten kunstmatig dwingen om een hoeveelheid
fruit en zaad voort te brengen die ver boven hun
natuurlijke capaciteit uitstijgt, moet het aantal
ziekenhuizen ook toenemen. De wetenschap
heeft onvoorstelbare hoogten bereikt, maar de
mens heeft als gevolg van zijn hebzucht het vermogen verloren om de dingen juist te beoordelen
en met inzicht te handelen.

Het is de zelfzuchtige drang naar steeds
meer, die de mens ertoe aanzet kunstmest en
pesticiden te gebruiken. Door deze hebzucht
laat hij na van de planten te houden. Een ballon
kan slechts tot een bepaalde grens opgeblazen
worden. Hij zal ontploffen als je daarna door
gaat met blazen. Zo heeft ook elk zaadje een
bepaalde grens aan de opbrengst die het kan
geven. Als we, zonder hierbij stil te staan, blijven
proberen om de productie op een kustmatige

wijze op te voeren, zal dit de kracht en kwaliteit van het zaad zeker aantasten. Bovendien schaadt het degenen die ervan eten. Vroeger volstonden water en natuurlijke meststoffen voor de verbouwing van gewassen. Vandaag de dag is die situatie anders. Pesticiden en meststoffen zijn een vast onderdeel van de landbouw geworden. En dit in zo'n sterke mate, dat het immuunsysteem van de planten en zaden zeer verzwakt is en ze hun kracht om ziektes tegen te gaan verloren hebben. Door natuurlijke methoden kunnen we hun kracht om ziekten te weerstaan versterken. Religie leert ons nederig en met eerbied van alles te houden. Wetenschappelijke uitvindingen hebben de productie enorm op kunnen voeren, maar tegelijkertijd is de kwaliteit van alles verminderd.

Een dier of een vogel in een kooi stoppen, is hetzelfde als een mens gevangen zetten. Vrijheid is het geboorterecht van elk wezen. Wie zijn wij om deze vrijheid te beknotten? Door een kip met hormonen in te spuiten, trachten we de omvang van de eieren te vergroten. We laten hennen twee eieren per dag leggen door ze in donkere hokjes op te sluiten en deze periodiek te openen om de valse indruk te wekken dat er weer een etmaal

voorbij is. Door dit te doen wordt de levensduur van de kip echter gehalveerd en verliezen
de eieren al hun kwaliteiten. De gedachte aan
winst heeft de mens verblind en zijn goedheid
en deugden vernietigd. Dit wil niet zeggen, dat
we niet moeten denken aan het verhogen van
de productie. Helemaal niet. Het punt is, dat
alles zijn grens heeft, en dat het overschrijden
van deze grens gelijk staat aan verwoesting van
de natuur.

Het is de hoogste tijd om serieus aandacht
te schenken aan de bescherming van de natuur.
De natuur vernietigen is hetzelfde als de mensheid vernietigen. Bomen, dieren, vogels, planten,
wouden, bergen, meren en rivieren, alles wat in
de natuur bestaat, heeft dringend behoefte aan
onze vriendelijkheid, onze meedogende zorg en
bescherming. Als wij hen beschermen, zullen zij
op hun beurt ook ons beschermen.

De legendarische dinosaurus en vele andere
soorten zijn compleet van de aardbodem verdwenen, omdat ze zich niet aan de veranderende
klimatologische omstandigheden aan konden
passen. Als de mens niet voorzichtig is en zijn

egoïsme tot een hoogtepunt komt, zal ook hij hetzelfde lot ondergaan.

Alleen door liefde en mededogen is bescherming en behoud van de natuur mogelijk. Maar deze twee eigenschappen zijn ver te zoeken bij de mens. Om ware liefde en mededogen te voelen moet men zich bewust zijn van de eenheid van de levenskracht die het hele universum draagt en er de basis van is. Dit bewustzijn verkrijgt men slechts door een grondige religiestudie en het naleven van spirituele principes.

Wat is het verband tussen spirituele praktijken en natuurbescherming?

Amma: Alles is doordrongen van bewustzijn. Dit bewustzijn de wereld en alle schepsels ondersteunt. Alles vereren, in alles God zien is wat religie ons adviseert. Deze houding leert ons van de natuur te houden. Niemand van ons zal opzettelijk zijn eigen lichaam verwonden, omdat we weten dat het pijn doet. Op dezelfde wijze zullen we de pijn van andere mensen als de onze ervaren, als het besef in ons daagt dat alles van datzelfde bewustzijn doordrongen is. Mededogen zal ontwaken en we zullen oprecht

alles en iedereen willen helpen en beschermen. In die bewustzijnstoestand zullen we zelfs geen blad onnodig plukken. We plukken een bloem slechts op de laatste dag van haar bestaan, net voordat ze van haar stengel valt. We ervaren het als schadelijk voor de plant en de natuur als we een bloem uit hebzucht op de eerste dag zouden plukken.

Er was een tijd dat elk huis een gebedskamer had. Mensen kweekten bloemen in de tuin rondom het huis. Er werd toegewijde aandacht aan de tuin besteed. De bloemen van deze planten die het gezin met liefde en zorg gekweekt had, werden tijdens een eredienst aan God geofferd.

Wat de natuur, de bron van alle planten en bloemen, ons schenkt, moeten we liefdevol aan haar terug geven. Dit is de symboliek achter het offeren van bloemen aan God. Het versterkt tevens onze toewijding aan God. Oprechte en met concentratie verrichte aanbidding bedaart onze gedachtestroom en zuivert onze geest.

In het verleden had elk huis in India een boomgaard met een klein tempeltje in de tuin. In die boomgaard stonden bomen, waaronder de banyan, de bilva en de vijgenboom, die erg geneeskrachtig waren. Het tempeltje en de boomgaard waren de gemeenschappelijke plaats van eredienst voor de hele familie. Bij zonsondergang verzamelde de familie zich rond het heiligdom om de goddelijke namen te zingen en in het licht van de olielampen hun gebeden te offeren. De moderne wetenschap heeft onlangs ontdekt dat muziek de gezonde groei van planten en bomen bevordert. Devotionele liederen geven niet alleen gelukzaligheid aan alle wezens; als ze met liefde gezongen worden, zuiveren ze ook onze geest en brengen hem tot rust. De wind, die door de bladeren van geneeskrachtige bomen en planten waait, zal ook onze gezondheid ten goede komen. De rook van de koperen olielampen en van met zuiver bijenwas gemaakte kaarsen zal de ziektekiemen in de lucht doden. Maar het belangrijkste is, dat alle met concentratie gereciteerde gebeden de verloren harmonie in de natuur herstellen.

Als we een doorsnee mens met een elektrische lamp kunnen vergelijken, kan een sadhak (spiritueel aspirant) vergeleken worden met een transformator. Door de geest stil te maken en de energie te bewaren die anders verspild zou worden in het bevredigen van behoeftes en genoegens, laat de sadhak de onuitputbare bron van kracht in hem ontwaken. Indien hij geen enkele voorkeur of afkeer heeft, komt zijn ademhaling zelfs de natuur ten goede. Net zoals water door een filter wordt gezuiverd, zo werkt de vitale kracht (prana) van een asceet (tapasvi) als een filter die de natuur zuivert. Ayurvedische

artsen gebruiken een bepaalde natuurlijke steen om de olie te zuiveren waarmee geneeskrachtige kruiden zijn gekookt om geneesmiddelen te maken. Zo kan ook de pure vitale kracht van de asceet de natuur zuiveren door het door de mens verstoorde evenwicht te herstellen.

Als we naar de natuur kijken en haar belangeloze manier van geven observeren, kunnen we ons bewust worden van onze eigen beperkingen. Dit bevordert het ontwikkelen van toewijding en overgave aan God. De natuur brengt ons zo dichter bij God en leert ons hoe we Hem werkelijk kunnen aanbidden. In werkelijkheid is de natuur niets anders dan Gods zichtbare vorm, die we kunnen zien en met onze zintuigen ervaren. Door van de natuur te houden en haar te dienen aanbidden we God zelf.

Zoals de natuur de gunstige omstandigheden voor een kokosnoot schept om een kokospalm te worden, of voor een zaadje om uit te groeien tot een gigantische fruitboom, zo creëert zij ook de noodzakelijke omstandigheden waarin een individuele ziel het Hoogste Wezen kan bereiken en in eeuwige eenheid met God kan versmelten.

Een oprechte zoeker naar de waarheid, of een echte gelovige, kan de natuur geen schade toebrengen, omdat hij de natuur als God zelf ziet en niet als iets dat buiten hem staat. Zo'n persoon houdt werkelijk van de natuur. Amma zou zeggen dat een ware wetenschapper een echte minnaar moet zijn. Iemand die de mensheid bemint, alle wezens bemint, het leven zelf bemint.

Hoe ernstig is het milieuprobleem?

Amma: Vroeger was er een vastgestelde tijd voor alles. Het land werd gedurende een bepaalde maand of een zeker seizoen bewerkt; voor het oogsten was er een andere maand voorzien. Er waren toen geen diepe waterputten. De boeren waren aangewezen op de regen en de zonneschijn, die in overvloed door de natuur gegeven werd. De mensen leefden in harmonie met de natuur. Ze daagden haar nooit uit. De natuur stond altijd klaar voor de mens. De natuur was zijn vriend. De mens was vol vertrouwen dat het zou gaan regenen als de zaadjes in een bepaalde tijd van de maand gezaaid werden. Ze kenden ook het exacte ogenblik dat het gewas rijp was voor de oogst. Alles verliep op rolletjes. De natuur verschafte, zonder in gebreke te blijven, op het juiste ogenblik regen en zonneschijn. De oogst werd niet vernietigd door overvloedige of ontijdige regen en er was geen teveel of gebrek aan zonlicht. Alles was in evenwicht. De mens trachtte nooit tegen de natuurwetten in te handelen. Er was wederzijds begrip, geloof, liefde, mededogen en samenwerking tussen de mensen. Ze hielden van de natuur, vereerden haar en de natuur op haar beurt zegende hen met een overvloed aan natuurlijke rijkdommen. Een dergelijke houding alleen al zou volstaan om de hele samenleving op een hoger peil te brengen. Maar de toestand is veranderd.

Wetenschappelijke uitvindingen zijn uiterst nuttig, maar ze zouden niet tegen de natuur in mogen gaan. De schade die voortdurend door de mensen wordt veroorzaakt, heeft de natuur haar geduld doen verliezen. Ze begint terug te slaan. Natuurrampen nemen in grote mate toe. De natuur is haar dans van uiteindelijke ontbinding begonnen. Haar evenwicht is verstoord door de onrechtmatige acties die de mens tegen haar heeft ondernomen. Dit is de belangrijkste oorzaak van al het lijden dat de mens in deze tijd ondergaat.

De wetenschapper die vindingrijk is en experimenteert, heeft misschien liefde in zich, maar die liefde is tot een nauw kanaal beperkt. Ze is enkel gericht op het wetenschappelijke gebied waarin hij werkt. Ze omvat niet de hele schepping gericht. Die wetenschapper zit min of meer vast aan zijn laboratorium of aan de weten-schappelijke instrumenten die hij gebruikt. Hij denkt niet aan het echte leven, maar is er meer in geïnteresseerd of er leven op de maan of op mars is. Hij is meer geïnteresseerd in het uitvinden van kernwapens.

Een wetenschapper kan beweren dat hij door een analytische benadering de waarheid achter de empirische wereld tracht te vinden. Hij ontleedt de dingen om te analyseren hoe ze functioneren. Als hij een katje krijgt, is hij er meer in geïnteresseerd om het diertje voor onderzoek te gebruiken, dan ervan te houden als een troeteldier. Hij zal het ademhalingsritme meten, de pols en de bloeddruk. In naam van de wetenschap en het zoeken naar de waarheid zal hij het diertje uiteensnijden en zijn organen onderzoeken. Eenmaal opengesneden is het katje echter dood. Het leven verdwijnt en daarmee iedere mogelijkheid tot liefde. Alleen als er leven is, is er liefde. Bij zijn zoektocht naar de waarheid van het leven, vernietigt de wetenschapper het leven zelf. Vreemd!

Een rishi is een echte minnaar, omdat hij in zijn eigen Zelf is gedoken, de kern van alle leven en liefde. Hij ervaart overal leven en liefde. Boven, beneden, voor, achter, in elke richting. Zelfs in de hel, in de onderwereld ziet hij alleen maar leven en liefde. Voor hem bestaat er alleen maar leven en liefde die met pracht en praal in alle richtingen stralen. Daarom zou Amma zeggen dat hij 'een echte wetenschapper' is. Hij experimenteert in het innerlijke laboratorium van zijn eigen wezen. Hij creëert nooit verdeeldheid in het leven. Het leven is voor hem een geheel. Hij verblijft steeds in die onverdeelde staat van leven en liefde.

De ware wetenschapper, de wijze, omhelst liefdevol het leven en wordt er één mee. Hij probeert nooit tegen het leven te vechten. Terwijl de wetenschapper tegen het leven vecht en probeert het te veroveren, geeft de wijze zich eenvoudig aan het leven over en laat zich meedragen, waarheen het ook mag gaan.

De mens heeft zich tegen de natuur gekeerd. De mens geeft niet langer om de natuur. Hij is meer geïnteresseerd in onderzoek en experimenten. Hij probeert alle banden te breken, maar weet niet dat hij daardoor zijn eigen ondergang bewerkstelligt. Het is alsof je spuugt terwijl je op je rug ligt; het speeksel komt op je eigen gezicht terecht.

In deze tijd wordt de natuur niet enkel geëxploiteerd, maar ook vervuild. In India werd vroeger koeienmest als ontsmettingsmiddel bij het toedienen van inentingen gebruikt. Nu zou een wond veeleer ontsteken en zou de persoon in kwestie sterven bij het gebruik van koeienmest. De stof die vroeger een medicijn was dat de wond genas, is nu een stof geworden die infecties kan veroorzaken. Er zijn zo veel giftige stoffen in de mest terechtgekomen door het gras, het hooi en de lijnkoeken die we aan de koeien geven.

Nu valt er geen regen meer, wanneer het hoort te regenen. En als het regent, is het te veel of te weinig en komt de regen te vroeg of te laat.

Zo is het ook met de zonneschijn. Tegenwoordig proberen de mensen de natuur uit te buiten en daarom ontstaan er vloedgolven, droogtes en aardbevingen en wordt alles vernietigd.

Er is een geweldige vermindering van de levenskwaliteit. Veel mensen verliezen hun geloof. Ze voelen geen liefde en mededogen. De verbondenheid om hand in hand samen te werken voor het welzijn van alles en iedereen is verdwenen. Dit zal een slechte invloed op de natuur hebben. De natuur zal ons haar overvloed onthouden en zich tegen de mens keren. Als de mens zo doorgaat, zal de reactie van de natuur onvoorstelbaar zijn.

Er bestaat een verhaal over een echtpaar dat een winkel in sterke drank had. De man zei steeds tegen zijn vrouw: "Bid tot God dat hij ons meer klanten stuurt." De vrouw gehoorzaamde haar man oprecht. Op een dag merkte een van haar klanten op dat zij aan het bidden was en vroeg haar: "Zou je ook voor mij willen bidden, dat ik meer werk krijg?" -"Wat is uw werk?" vroeg de vrouw. "Ik maak doodskisten," antwoordde de man.

In deze toestand bevindt de wereld zich momenteel. Het is een wereld geworden, waarin mensen zich alleen maar in hun eigen belangen geïnteresseerd zijn.

Wordt de mensheid een bedreiging voor het voort-bestaan van het leven op aarde?

Amma: Wanneer de natuur minzaam de mens beschermt en dient, is het ook zonder twijfel zijn verantwoordelijkheid om de natuur diezelfde bescherming en diensten te bieden. De moderne wetenschap beweert dat bomen en planten op een subtiele wijze kunnen reageren op de gedachten en handelingen van mensen. De wetenschap heeft ontdekt dat planten van angst trillen wanneer we ze benaderen met de bedoeling om hun bladeren te plukken. Maar eeuwen gelden reeds leidden de wijzen en heili-gen van India, die deze grote waarheid begrepen, een leven van volledige geweldloosheid.

Er is een verhaal in de hindoegeschriften, Shakunthalam genaamd, dat dit punt toelicht. Op een keer vond een wijze een te vondeling gelegd kind in het woud. Hij bracht haar naar zijn kluizenaarsoord en voedde haar als zijn

eigen dochter op. Toen ze wat groter was, ver-
trouwde de wijze haar de zorg over de planten en
de huisdieren van de hermitage toe. Ze hield net
zoveel van de planten en dieren als van zichzelf.
Op een dag dat de wijze afwezig was, reed de
koning van het land tijdens zijn jacht door het
woud en ontmoette dit beeldschone meisje. Hij
werd verliefd en wilde met haar trouwen. Toen
de wijze terugkeerde en dit vernam, stemde hij
verheugd in met de wens van de koning. Na de
huwelijksceremonie stond het meisje op het punt
de hermitage te verlaten en naar het koninklijk
paleis te vertrekken. Op dat ogenblik boog
de jasmijnplant, waarvoor ze steeds liefdevol
gezorgd had, zich neer en strengelde zich zacht-
jes rond haar enkels. De dieren huilden toen ze
vertrok. Dit illustreert hoe planten, bomen en de
gehele natuur onze liefde zullen beantwoorden,
indien we werkelijk zorg dragen voor hen.

*Is het nodig om meer belang te hechten aan men-
selijke behoeften dan aan de natuur?*

Amma: De natuur schenkt al haar weelde
aan de mensheid. Met dezelfde toewijding als de natuur ons helpt, moeten wij ook

de natuur helpen. Alleen dan kan de harmonie tussen mens en natuur bewaard worden. Tien bladeren plukken, als je er maar vijf nodig hebt is een zonde. Stel dat twee aardappelen voldoende zijn om een gerecht te maken. Als je een derde aardappel neemt, handel je zonder onderscheidingsvermogen en bega je een onrechtvaardige daad (adharma).

De natuur gebruiken om in onze behoeften te voorzien is niet verkeerd, maar uitbuiting verandert de zaak. Dat maakt ons handelen onjuist. Ten eerste vernietigen we onnodig het leven van een extra plant, dier, of wat het ook is dat we gebruiken. Ten tweede ontnemen we het aan iemand anders die het zou kunnen gebruiken,

misschien wel aan onze buurman die niets te eten heeft. Als we de natuur zo exploiteren, buiten we ook onze medemens uit. Het is zeker noodzakelijk een huis te hebben om ons tegen de regen en de zon te beschermen. Laten we echter geen huis bouwen om met onze rijkdom en luxueuze levensstijl te pronken. Bomen vellen om een huis te bouwen kan niet als onjuist worden beschouwd. Een handeling wordt onjuist of zondig wanneer we zonder onderscheidingsvermogen of waakzaamheid handelen. Kwistig geld uitgeven, zonder te denken aan God, de grote Schenker, of mensen die door dat geld geholpen hadden kunnen worden, is onjuist.

Wat zijn de stappen die in onze samenleving genomen kunnen worden om de vernietiging van de natuur en uitsterving van diersoorten te voorkomen?

Amma: Het is zeker de hoogste tijd om ernstige maatregelen te nemen ter voorkoming van verdere vernietiging van de natuur en haar rijkdommen, die ze ons als beloning voor onze goede handelingen schenkt. Het zou zeer nuttig zijn een strikte regels in te voeren, maar het is ook nodig dat de mensen bereid zijn deze regels te gehoorzamen en uit te voeren. Tegenwoordig zijn vaak degenen die de regels horen te gehoorzamen, de eersten die ze overtreden. Er moeten in elk dorp verenigingen opgericht worden, om het besef te laten groeien hoe belangrijk het is om de natuur te beschermen en te behouden. Zuiver intellectuele kennis is niet voldoende. Er moet de mensen geleerd worden vanuit hun hart te handelen. De leraren en raadgevers van deze verenigingen moeten de gave bezitten om de mensen aan te moedigen van de natuur te houden en mededogen voor de gehele schepping en al haar wezens te voelen. Deze leraren en raadgevers dienen hoogbegaafde en doeltreffende mensen te zijn, die anderen kunnen inspireren hun goede raad te volgen. Slechts dan zal er vooruitgang geboekt worden. De steun van religie en spirituele principes zal een grote hulp zijn om dit doel te bereiken.

Een belangrijke oorzaak van de vervuiling van de atmosfeer is de giftige rook die de reusachtige machines in fabrieken uitstoot. Deze rook schaadt de groei van bomen en planten. Dezelfde giftige stoffen tasten ook sterk de gezondheid van de mensen aan. Er moeten de nodige stappen ondernomen worden om de bomen en planten, die in het gebied rondom fabrieken en industriegebieden groeien, te beschermen en te behouden. In feite zijn het de bomen en planten die voor een groot deel de vervuilde atmosfeer in zulke plaatsen zuiveren. Zonder deze planten zou de toestand veel erger zijn. Het initiatief om de natuurgebieden rondom de industrieterreinen te beschermen moet van de ondernemers en werknemers van deze bedrijven uitgaan.

Een regering alleen kan niets doen zonder de oprechte medewerking van de bevolking. Om dit te bewerkstelligen moet de regering werken in overeenstemming met de wil en de raadgevingen van de mensen die van de natuur houden. Dit vraagt om de steun van politieke leiders en regeringsambtenaren. Het mag geen groep zijn die uit is op geld en macht. Hun doel moet het welzijn van het land en zijn inwoners zijn. Er kan veel bereikt worden als het mensen met een onbaatzuchtig en universeel oordeel zijn.

Zijn de wouden een onmiskenbaar onderdeel van onze aarde?

Amma: Ja, zeer zeker. De wetenschap heeft nog niet begrepen welke belangrijke en weldadige rol de wouden in de natuur spelen. Ze vormen een essentieel onderdeel van het leven op onze planeet. Ze zijn onmisbaar. Ze zuiveren de atmosfeer en voorkomen de oververhitting ervan. Ze houden de bodem vochtig en beschermen de dieren in het wild.

Het is niet verkeerd bomen te vellen en geneeskundige planten te verzamelen om in de noodzakelijke levensbehoeften te voorzien, maar exploiteer en vernietig deze kostbare wouden niet. De natuur kan voor zichzelf zorgen. We denken haar te beschermen, maar momenteel buiten we haar alleen maar uit. De vogels en de dieren leiden een gelukkig bestaan in de wouden. De mens is hun grootste vijand. Door de natuur te vernietigen is de mens zijn eigen vijand geworden. Hij beseft niet, dat hij met elke bijlslag die hij een boom toebrengt zijn eigen graf graaft.

Is het raadzaam om spirituele meesters te benaderen zonder zelf te proberen de huidige problemen op te lossen?

Amma: Deskundigen kunnen je helpen veel problemen op te lossen die je in je beroep tegenkomt. Daar is geen twijfel over mogelijk. Maar enkel Gods kracht laat de dingen werkelijk gebeuren. Als er iets moet gebeuren, dan is daar genade voor nodig. De menselijke inspanningen, die voortspruiten uit het intellect, kunnen ons slechts tot een bepaald punt brengen, niet verder. Voorbij dat punt ligt het gebied van Gods genade. Onze handelingen en acties zullen slechts vruchten dragen indien we deze bron, die voorbij het menselijke bereik ligt, kunnen aanboren.

De beste manier om uit deze kracht te putten, is het advies en de zegen van een ware spirituele meester te zoeken. Zo een verheven ziel is de ware bron van het gebied dat buiten ons bereik ligt. Deskundigen kunnen je behulpzaam zijn, maar kunnen geen zegen en genade verschaffen.

Zelfs de hulp van een deskundige geeft soms niet het juiste resultaat, maar met behulp van de woorden en de zegen van een echte spirituele meester zal dat niet gebeuren.

Kijk nooit om en treur niet. Kijk naar voren en glimlach Laat ons handelen met het grootste vertrouwen en de grootste waakzaamheid, maar met een gevoel van onthechting. Dit is wat de spirituele meesters ons voorhouden.

Welk nut heeft het om te rouwen als er een plant verdort die we zelf gekweekt hebben? Plant een nieuwe zonder te piekeren om de verloren plant. Door te piekeren over het verleden wordt een mens zwak van geest. Hierdoor zal hij al zijn energie verliezen.

De geest van een meester werkt niet zoals de onze, die de geneugten van het leven achternartent. Hij is als een boom die schaduw en zoete vruchten schenkt, zelfs aan degene die hem omhakt. Zelfs al geeft de wijze zijn eigen leven in belangeloze handelingen, zoals wierook anderen een zoet geur schenkt ten koste van zichzelf, toch voelt hij een enorme vreugde in het verspreiden van liefde en blijdschap voor allen in de samenleving. Slechts zo iemand is in staat om ons, die vol egoïsme en gehechtheid zijn, op het juiste pad te leiden. Zulke wijzen staan niet alleen klaar voor een individu, klasse, geloof of sekte. Ze staan klaar voor de hele wereld, voor de gehele mensheid.

Amritapuri, May 1994